LA VÉRITÉ

DÉVOILÉE PAR LE TEMPS,

OU

LE VRAI DÉNONCIATEUR

DU GÉNÉRAL PICHEGRU,

SIGNALÉ.

Je voudrais qu'il me fût permis de ne point rappeler les temps qui ne sont plus. Quand, après des courses incertaines et de longues tempêtes, on retrouve la terre de la Patrie, il est naturel, je le sais, d'oublier la fatigue, les pertes, les dangers, et de n'être occupé sur ce doux rivage que de jouir d'une vie nouvelle. Puisque l'espérance nous est rendue, peut-être les plaintes qui n'auraient pas d'objet dans l'avenir seraient - elles déplacées. Mais les miennes sont d'une autre nature : le mal que j'ai souffert doit cesser enfin, et je ne puis taire une injustice révoltante qui n'est pas irréparable. Le silence, l'oubli qui chez beaucoup d'autres seraient de la modération, ne paraîtraient ici que de la bassesse ou de la stupidité. On peut faire au besoin du repos, ou à la difficulté des temps, le sacrifice de ses vues particulières, de ses intérêts, quelquefois même de ses affections ; mais ici il en est tout autrement, et il n'y aura qu'une voix sur la justice, sur la convenance, sur la nécessité de mes réclamations. Victime, comme tant d'autres, de la politique secrète qui dès le principe caractérisa le dernier Gouvernement, je ne voudrais pas joindre des pages inutiles à des pamflets oiseux, si multipliés que le public ne saurait les lire, et déclamer sans fruit contre un pouvoir dont il ne reste plus que de funèbres souvenirs. Mais il faut que je jouisse enfin de l'estime générale que je n'aurais jamais dû perdre, et que je fasse connaître la simple vérité, que jusqu'à ce jour je n'ai pu faire entendre, malgré tous mes efforts.

Les éclaircissemens que je vais donner appartiennent à une affaire connue de l'Europe ; et ce que je demande, c'est l'honneur, qu'on a voulu m'ôter. Non ; l'on n'a rien voulu contre moi ; je n'étais l'objet d'aucune haine, d'au-

cune persécution directe ; mais je me rençon-
trais sur le chemin de ces gens que rien ne
devait arrêter dans leurs sombres démarches,
et qui, agissant dans les ténèbres, étaient ré-
duits à briser les obstacles. Leurs fonctions
équivoques exigeaient d'eux une adresse per-
fide ; ils m'ont dit : Quand nous trouvons un
homme qui se refuse à nous servir en secret,
c'est alors que nous avons soin de verser sur
lui l'animadversion publique dont nous som-
mes surchargés.

En 1804 (ventose an 12), le général Pichegru fut arrêté rue Chabanais, chez un nommé
Le Blanc, et conduit au Temple. Je fus arrêté
moi-même immédiatement après, c'est-à-dire
près de trois heures plus tard, comme ayant,
la veille, donné asile à ce général. Je fus in-
terrogé et mis au secret. A une heure après
midi, un nommé C., commissaire de police,
se présenta pour me faire signer, dit-il, ma
mise en liberté : je signai cette pièce sans en
prendre connaissance.

Déjà surpris de mon élargissement, je fus
bien plus étonné lorsque, deux ou trois jours
après, je trouvai dans les Journaux des notes
artificieuses par lesquelles j'étais indignement
compromis. J'aurais dû voir dans ces notes

un acte de l'autorité même, une sorte d'arrêt prononcé du moins par les puissances subalternes, et contre lequel je réclamerais en vain. Mais soit que je ne sentisse pas d'abord toute l'importance d'un moyen de diffamation, faible en lui-même et qui semblait facile à détruire, soit que dans ma première impatience je fusse peu capable de réfléchir sur l'étendue de mon malheur, je fis très-étourdiment quelques démarches, dans lesquelles je persistai lors même que je les vis devenir dangereuses, et auxquelles la conviction de leur parfaite inutilité me fit seule renoncer enfin. L'on avait décidé que le coupable resterait inconnu ; soit qu'en général la police de ce temps-là ne voulût pas compromettre ses amis, soit qu'elle tînt surtout à ne point rendre suspect dans la société un individu qui venait de montrer si bien qu'on pouvait fonder sur lui d'assez grandes espérances.

Cependant, un peu plus tard, l'infortuné Pichegru n'existant plus, je regardai cette affaire malheureuse comme terminée quant aux intérêts du Gouvernement, et je crus que ma justification personnelle serait tolérée. Je voulus la publier, et j'en parlai à plusieurs avocats ; mais leur prudence m'ôta tout espoir. Apparemment ils étaient frappés de je ne sais

quel pressentiment des progrès d'un despo-
tisme qui devait s'accroître tous les jours durant cette neuvaine d'années si brillante dans
les Annales militaires, si triste dans l'Histoire
des peuples. Leur circonspection était natu-
relle; car enfin, si l'on doit généralement trou-
ver dans leur ministère un asile contre l'injustice, et dans leur talent des facilités pour le
triomphe du vrai, nul d'entre eux en parti-
culier ne me devait rien, et je puis ici invo-
quer leur témoignage, sans craindre, en les
nommant, de paraître leur faire quelque reproche. Je m'adressai donc à MM. de La Malle,
Guieu et Bithouzé de Lignières. Plus heureux
enfin, j'apprends qu'un de mes compatriotes, un
de mes parens vient d'embrasser la profession
du barreau : je saisis cette dernière espérance,
et en effet ma proposition est accueillie. Je
trouve dans M. Lauze de Perret les disposi-
tions que je pouvais désirer, une âme ferme
et un esprit jeune, peu familiarisé avec les
calculs de la réserve. Il ne m'exhorte point à
prendre patience; il ne croit pas qu'un homme
qu'on veut déshonorer puisse jamais avoir des
motifs de se taire : il m'écoute sans hésiter;
il partage mon indignation; il veut connaître
les ressorts misérables qu'on a pu mettre en
jeu. S'il ne parvient pas à tout éclaircir, du

moins il met hors de doute les faits principaux, il prouve que je suis absolument étranger à cette infâme dénonciation ; son Mémoire va paraître, et déjà je crois revivre : mais l'iniquité ne succombe pas ainsi ; elle trouve en elle-même des forces toujours plus redoutables, jusqu'au jour tardif qui doit l'arracher de dessus ses bases souterraines. M. Lauze de Perret est lui-même arrêté ; six ou sept mois de détention lui apprennent que dans toute affaire d'Etat le louable dévouement des agens les plus obscurs met les uns à l'abri des récriminations, les autres à l'abri de la justice, et qu'une imposture qui seconde les vues de certains Princes est toujours respectable. Attéré moi-même par ce traitement réservé à mon seul défenseur, je me livrai à toute l'amertume de mon sort, et dans l'esprit des gens irréfléchis je restai chargé de cet odieux soupçon, jusqu'à ce grand jour que nous voyons luire enfin, jusqu'au jour de la délivrance générale (1).

---

(1) Mon père, Pierre-David Treille, seigneur de Corbières, fut avocat au Parlement, député aux États du Gévaudan, et pendant vingt-trois années consécutives bailli de la ville de Barre, département de la Lozère. Je perdis mes revenus, par suite d'un décret révolutionnaire. Deux de mes oncles furent décorés de la croix de Saint-Louis ; un troisième, en qualité de pre-

Ce Mémoire fut saisi avant la publication; il n'existe plus. Je vais exposer les faits qu'il contenait; ils n'ont pas sorti de mon esprit.

J'avais, a-t-on dit, des intelligences criminelles avec Pichegru; et pour éviter l'incarcération, je le sacrifiai, trahissant ainsi notre ancienne amitié. Il n'était pas besoin que notre hôte eût été précédemment notre ami pour que je fusse incapable d'une telle bassesse. Mais effectivement ce général avait été l'ami de ma famille; quant à moi, je ne le connaissais point personnellement. Dans cette occasion il demanda l'hospitalité à ma femme, et nous n'hésitâmes point à le recevoir. Un seul individu en fut instruit. Le Blanc jouissait tellement de notre confiance qu'il sut, quelques jours avant moi-même, que Pichegru avait fait demander à ma femme s'il pouvait se réfugier chez moi. Enfin, dans la soirée

---

mier échevin, commanda la ville de Lyon en l'absence de M. de La Verpillière. Mon père fut en relation avec les cardinaux de Choiseul et de Bernis, avec les comtes de Narbonne, de Montcalm, avec madame de Saint-Sauveur, abbesse de Mercoire, etc. En 1791, je fus nommé par Louis XVI pour asseoir les contributions foncières et mobilières dans une partie de la Lorraine. A l'époque de l'incarcération du Roi, je fus arrêté comme un de ses agens, et détenu pendant trois mois à Remiremont. Un nouveau mandat d'arrêt fut lancé contre moi quelques-temps après; un comité de surveillance m'ayant dénoncé comme suspect à celui d'Épinal.

du 6 ventose, c'est lui que nous choisîmes pour nous remplacer dans les soins hospitaliers que nous devions au général. Un grand nombre de personnes connaissent le local que j'occupais rue Vivienne, et savent que la suite de ces diverses pièces qui se commandent les unes les autres présentait des difficultés d'autant plus grandes pour le séjour d'un homme si facile à reconnaître, que mes affaires exigeaient que durant une bonne partie du jour ma porte fût ouverte au public. Il fallut donc songer à une maison plus commode et plus sûre. Le général fut entièrement de cet avis. Depuis trois ans ou davantage, Le Blanc nous voyait presque tous les jours; il vivait seul; sa conduite connue était des plus régulières et exempte de tout reproche; il paraissait ami de l'ordre et des vertus domestiques; il était généralement aimé. Cet homme donc à qui je supposais les meilleures qualités, à qui ma famille n'était pas moins attachée, et qui déjà connaissait notre secret, fut celui que je choisis, et qu'il me semble encore que je devais alors choisir pour lui remettre un dépôt qui nous était cher à plusieurs titres.

Le 7 il vint dîner avec nous; il fit ainsi la connaissance du général. Cependant, quoiqu'il acceptât avec beaucoup de plaisir, en apparence, la proposition de lui offrir un refuge, nous remarquâmes quelque chose de peu ordinaire dans sa contenance ; mais, sans beaucoup de réflexions, nous attribuâmes cette sorte de trouble à l'importance du dépôt qui lui était confié. On n'imagine pas même de soupçonner un homme que l'on estime depuis long-temps. Après quelques années de connaissance et d'une certaine intimité, songe-t-on à scruter des sentimens cachés, à lire dans le jeu de la physionomie les impressions les plus secrètes ; et, si même on y songeait, le pourrait-on ? Cette longue habitude qui nous fait si bien distinguer les signes ordinaires de contentement, de bienveillance, d'inquiétude, nous rend par cela même étrangers à toute situation imprévue de ce visage qui n'est plus pour nous celui de l'homme, mais uniquement celui de tel homme. Les émotions que nous n'y avons jamais aperçues peuvent nous surprendre, nous frapper ; mais nous ne pouvons pas les juger, et nous les discernons avec d'autant moins de pénétration, lorsque la source en est odieuse, que nous croirions manquer à l'amitié même en les supposant possibles.

Sans que le dîner soit terminé, Le Blanc

sort, prétextant un rendez-vous indispensable pour une affaire dont il nous entretenait depuis quelques jours (depuis le jour où ma femme lui avait parlé de Pichegru); c'est à sept heures et demie qu'il nous quitte pour conclure cette fourniture que depuis nous avons regardée comme chimérique. Sans doute il courut chez le Gouverneur de Paris, le général M**. Malheureusement ce général était absent : s'il l'eût trouvé, tout ceci eût pris une autre direction, et je n'eusse pas été accusé.

Craignant apparemment d'exciter quelque défiance, Le Blanc revient promptement, et passe la soirée avec nous. Enfin nous nous rendons tous chez lui. Là, Le Blanc parle du bonheur d'avoir un service à rendre à un homme aussi illustre; il fait éclater une joie, il affecte des prévenances qui auraient, je le sens, éveillé l'attention de personnes moins prévenues que nous en sa faveur. Enfin ma belle-fille lui ayant recommandé Pichegru dans des termes que son attendrissement lui dictait, nous introduisîmes Pichegru dans la chambre qui lui était destinée, et nous nous retirâmes. Le Blanc, n'ayant qu'un lit, nous avait prévenus qu'il en demanderait un pour lui-même chez un de ses amis; et il sortit avec nous, laissant à sa domestique des ordres pour que le général ne manquât d'aucuns soins à son réveil.

Et tandis que nous nous retirions parfaitement tranquilles sur le sort de notre hôte, sa perte était préparée ; nous avions au milieu de nous son vil dénonciateur, et il osait recevoir nos remercîmens pour les soins perfides qu'il commençait à lui prodiguer. Le public l'accusa d'abord ; mais il fallait qu'on le justifiât, et j'en ai déjà dit les raisons. Quelques Journaux en furent chargés. Voici leur rapport :

« La police civile et militaire suivait les
» traces de Pichegru depuis plusieurs jours....
» L'on savait positivement que le dimanche
» il avait couché chez un cⁿ Treille, courtier
» d'affaires, rue Vivienne. On s'y porta la
» nuit du lundi, à deux heures du matin ; il
» ne s'y trouva point. Mais M. Treille et sa
» famille, pressés vivement, ont déclaré l'en-
» droit où ils avaient placé Pichegru ; c'était
» chez un nommé Le Blanc, associé de Treille,
» où Pichegru fut arrêté à l'instant même,
» par les agens du Grand-Juge, accompagnés
» du commissaire de police Comminge, et
» aidés de la gendarmerie d'élite. Il paraît que
» c'est surtout aux soins du général en chef,

» gouverneur de Paris, que l'on doit la dé-
» couverte de la dernière retraite de Pichegru.
» Le Blanc est en fuite, et est poursuivi avec
» activité ».

(Journal de Paris, 12 ventose.)

C'est avec ce changement dans les heures, cette altération des faits, ce mensonge qui alors ne devait pas être confondu, puisque l'affaire ne pouvait être mise en discussion réglée, c'est avec ce détour et ce cruel sang-froid que je fus sacrifié au misérable que protégeait son crime même. S'inquiétait-on de ce que je souffrirais, se mettait-on en peine des maux inséparables qui en résulteraient pour moi et ma famille? Que sont les individus aux yeux d'un Gouvernement qui se proclame fort, en employant chaque jour les machinations et les subterfuges de la faiblesse? Qu'importe le désespoir de l'innocent, pourvu que le salut du lâche malfaiteur engage ses semblables à l'imiter hardiment lorsqu'on aura besoin d'eux? Cependant tout m'était ôté, repos, honneur, crédit. Oui, je le répète, c'est assassiner que de calomnier ainsi (1).

---

(1) Ce mot formait l'épigraphe du Mémoire que j'ai dit avoir été saisi.

Je voulus faire insérer une réponse justifi-
cative dans les Journaux même où j'étais in-
culpé ; mais bien que ma réclamation fut con-
çue dans les termes et avec les ménagemens
que les circonstances rendaient indispensa-
bles, je ne pus rien obtenir des Journalistes.
Cependant je m'y bornais presque à cette
seule observation, que si Pichegru eût été arrêté d'après des renseignemens obtenus de
moi, ou chez moi, il n'eût pu l'être que vers
les cinq ou six heures du matin, puisque c'est
un fait constant et connu des divers et assez
nombreux locataires de la maison où je de-
meurais, que l'on ne vint chez moi qu'à trois
heures et demie, et non à deux, comme on le
fit mettre dans les Journaux. Or il n'est pas
moins constant que Pichegru fut au contraire
arrêté rue Chabanais, à une heure, et qu'il
était rendu au Temple à deux heures du matin ; c'est-à-dire qu'il aurait été arrêté, inter-
rogé et transféré au Temple une heure et
demie, tout au moins, avant qu'on eût appris
chez moi dans quel lieu on pourrait le cher-
cher.

Si donc, après s'être saisi de la personne
de Pichegru, l'on m'a arraché une déclaration
du lieu de sa retraite, ce fut dans le seul des-

sein, que je ne devinai point, de me perdre pour disculper Le Blanc.

Mais comment put-on l'obtenir de moi cette déclaration? En me prouvant qu'elle n'ajoutait en aucune manière au danger de Pichegru, et que l'on savait tout ce qui s'était passé chez moi; en me racontant à quelle heure je l'avais reçu, à quelle heure je l'avais quitté, entre quelles mains je l'avais remis, ce qu'il avait dit, ce que j'avais dit moi-même; enfin en me démontrant que mes dénégations lui seraient inutiles, et en me persuadant qu'un aveu de ce que l'on savait déjà serait regardé de ma part comme une déférence aux ordres du Gouvernement, et me mettrait à l'abri des poursuites.

Mais je veux aller au-devant de toute objection. Que ceux qui pourraient encore être prévenus par l'ancienne calomnie ne disent point qu'il reste dans cette affaire quelque obscurité; qu'à la vérité c'est chez Le Blanc que Pichegru fut arrêté, et qu'il le fut avant qu'on se rendît chez moi; mais que ceci n'est pas une preuve invincible, soit en ma faveur, soit contre Le Blanc, que l'on ne connaît pas encore avec certitude le dénonciateur, et qu'il serait possible que je cherchasse à rejeter l'odieux d'une telle affaire sur un homme qui n'est point là pour se défendre. Ma réponse sera claire et positive. J'accuse hautement Le Blanc; qu'il se défende si je le calomnie. Je l'accuse, et parce que je ne puis me justifier sans le nommer, et parce que je ne dois aucun ménagement à l'homme qui m'a indignement trompé. Le Blanc existe; il est à Saint-Jean de Maurienne. Qu'il y fasse un métier peu honorable, et que de plus il y jouisse, comme on le prétend, du fruit de sa bassesse, cela n'appartient pas essentiellement à ma justification; mais il savait seul que Pichegru avait demandé un asile chez moi, c'est donc lui qui l'a dénoncé. D'ailleurs ce n'est pas ici l'une de ces affaires personnelles dont il peut ne subsister aucune trace. J'invoque le témoignage de ceux qui connurent expressément la vérité, de ceux à qui Pichegru fut dénoncé, de ceux qui reçurent ou exécutèrent les ordres relatifs à cette dénonciation. Ils ne pouvaient alors désigner le coupable, mais aujourd'hui rien ne les arrête; qu'ils me démentent donc, si je m'efforce en quelque chose d'abuser le public, et qu'ils fassent à jamais retomber sur moi cette honte même dont je veux être enfin délivré.

Hyp. TREILLE.

IMPRIMELIE DE CHANSON.